10 REGRAS DE OURO QUE A EXPERIÊNCIA ME ENSINOU

Luiz S. Sandoval

10 REGRAS DE OURO QUE A EXPERIÊNCIA ME ENSINOU

Lições de sucesso na vida e na carreira, compartilhadas por um ex-executivo do Grupo Silvio Santos

Copyright© 2019 by Literare Books International
Todos os direitos desta edição são reservados à Literare Books International.

Presidente:
Mauricio Sita

Vice-presidente:
Alessandra Ksenhuck

Capa:
Gabriel Uchima

Diagramação e projeto gráfico:
Paulo Gallian

Edição de texto:
Frank de Oliveira

Diretora de projetos:
Gleide Santos

Diretora executiva:
Julyana Rosa

Relacionamento com o cliente:
Claudia Pires

Impressão:
Gráfica ANS

Dados Internacionais de Catalogação na Publicação (CIP)
(eDOC BRASIL, Belo Horizonte/MG)

S218d Sandoval, Luiz S.
10 regras de ouro que a experiência me ensinou / Luiz S. Sandoval. – São Paulo, SP: Literare Books International, 2019.
14 x 21 cm

ISBN 978-85-9455-193-1

1. Administração de empresas. 2. Executivos. 3. Negócios de sucesso. I. Sandoval, Luiz S.
CDD 658.4

Elaborado por Maurício Amormino Júnior – CRB6/2422

Literare Books International
Rua Antônio Augusto Covello, 472 – Vila Mariana – São Paulo, SP
CEP 01550-060
Fone/fax: (0**11) 2659-0968
site: www.literarebooks.com.br
e-mail: literare@literarebooks.com.br

Agradecimentos

À Angela, minha mulher, que me incentivou a escrever este livro.

À Gabriela e aos meus outros filhos.

Ao amigo Tejon, que me orientou o tempo todo.

Ao Mario Albino Vieira, primeiro presidente do Grupo Silvio Santos, com quem muito aprendi. Um mestre.

Ao Frank de Oliveira, que me ajudou a concluir este livro.

A todos que, direta ou indiretamente, colaboraram para que este livro se tornasse realidade.

PREFÁCIO

Sandoval tem o saber da vida, da experiência e da aplicação profunda dos conhecimentos numa carreira única como executivo e presidente de uma impactante e expressiva companhia, o Grupo Silvio Santos.

Nestas dez regras de ouro, ele nos revela muito mais que a administração. Ele nos faz enxergar o invisível. Aquilo que muitas vezes não é contado e que tanto conta na nossa vida e na gestão.

Sandoval é um líder. Uma vez me disse: "Uma pessoa que não cria o bem, que realiza feitos por meio do mal, não pode ser chamada de líder". E exatamente a primeira regra de ouro é "Invista na liderança e na ética".

Tão admirável é esta obra que, dando um salto para a décima regra de ouro, lá encontraremos: "Aprenda com os erros e fracassos". Exatamente. Na vida, ou aprendemos ou colocamos a culpa nos fatores e nos destinos.

Cada regra de ouro nos leva velozmente à compreensão de coisas que muitas vezes fazemos e não percebemos. A leitura atenta delas nos cria um algoritmo poderoso, como gestores e, acima de tudo, nos eleva a uma visão de líder. Toda liderança incomoda, dói, machuca, pois como líderes nos revemos e nos revolvemos como seres em eterno aprendizado.

A ousadia, o perder o medo de mudar, a vontade de ter sucesso, a honestidade com clientes, o trabalho valorizado e admirado das pessoas, mirar no futuro, pois o presente passou a ser seu resultado, celebrar vitórias, estratégia – a busca pela diminuição dos riscos dos fatores incontroláveis, os erros e fracassos. Nesta obra, não iremos apenas ver as palavras clássicas das boas orientações, iremos ter contato com um homem que viveu e vive a experiência profunda da administração. E nos enriquece com vida, acima de tudo.

A mensagem final nos estimula a pensar na riqueza de uma nação. Trazer os jovens para o nosso convívio. E criar orgulho de sermos brasileiros.

Recomendo a leitura desta obra de Luiz Sandoval. Pessoa e personalidade que aprendi a admirar e com quem cultivo e mantenho elos de amizade e de aprendizado. Nós nos transformamos na qualidade dos seres humanos que admiramos. E a maior sabedoria do mundo é poder aprender com as experiências vividas, processadas e relatadas por quem as viveu e conosco as compartilha.

Parabéns, Sandoval!

Prof. Dr. José Luiz Tejon Megido
*escritor, professor, conferencista e
diretor da Biomarketing.*

Sumário

Apresentação 11

Quanto vale a experiência 15

Primeira regra de ouro 19
Invista na liderança e na ética

Segunda regra de ouro 41
Estimule a ousadia e a determinação

Terceira regra de ouro 53
Não tenha medo de fazer mudanças

Quarta regra de ouro 65
Trabalhe com as pessoas certas no lugar certo

Quinta regra de ouro 75
Mantenha um relacionamento honesto e profundo com seu cliente

Sexta regra de ouro 83
Valorize o trabalho dos seus colaboradores

Sétima regra de ouro 91
Mire no futuro

Oitava regra de ouro 101
Vibre com o sucesso

Nona regra de ouro 107
Desenvolva um planejamento
e uma estratégia

Décima regra de ouro 115
Aprenda com os erros e fracassos

Mensagem final 123
A riqueza de uma nação

APRESENTAÇÃO

Luiz Sebastião Sandoval, o Dr. Sandoval, para aqueles, dirigentes e funcionários, que com ele conviveram durante quase três décadas de atuação como executivo principal do Grupo Silvio Santos (GSS), é, como me disse recentemente o Silvio Santos, um exemplo de dedicação, capacidade de trabalho e liderança.

No GSS – composto de mais de quarenta empresas, entre elas o SBT (Sistema Brasileiro de Televisão), a Liderança Capitalização (Tele Sena), o Banco PanAmericano (vendido em 2011), a Jequiti Cosméticos, o Baú da Felicidade, a Sisan Empreendimentos, o Hotel Jequitimar, assim como de milhares de funcionários e colaboradores –, Sandoval permaneceu por quarenta anos, 28 dos quais atuando como presidente da SS Participações S/A, empresa *holding* do grupo. Em novembro de 2010, desligou-se de suas funções.

Sandoval é formado em Direito pela Universidade Braz Cubas, com especializações em Administração pela Escola de Administração de Empresas de São Paulo da Fundação Getulio Vargas (FGV-SP), e em Direito Tributário pela Pontifícia Universidade Católica de São Paulo (PUC-SP). Ao longo de sua carreira como principal dirigente do Grupo Silvio Santos, atuou também como palestrante e motivador na formação de executivos e pessoas, atividades que até hoje ainda exerce.

Conheci o Sandoval em dezembro de 1990. À época, eu presidia um grande banco, e recebi a visita do Silvio Santos, que veio acompanhado do Sandoval e do Guilherme Stoliar então o principal executivo do SBT. Stoliar, vinte anos depois, a convite de Silvio Santos veio a suceder Sandoval no comando do GSS, como presidente da empresa *holding*.

Em 1997, fiz uma visita ao Silvio Santos em sua casa no Morumbi, e dele recebi um convite para atuar como seu assessor e, consequentemente do GSS, tendo Sandoval à frente das concepções estratégicas.

Além do foco na parte estratégica, Sandoval demonstrava grande atenção com aspectos de governança e controle dos negócios do grupo. Apoiou a criação dos comitês financeiro e de auditoria, bem como idealizou e implantou o CSC – Centro de Serviços Compartilhados, visando à redução de custos e ao aumento da transparência e controle das operações das várias empresas do grupo. Autorizou também a contratação de consultorias de auditoria externa de renome, como Deloitte, KPMG e Price, para atuar de forma permanente e/ou pontual nas empresas do grupo.

Sandoval é para aqueles que com ele conviveram um exemplo de profissional com vocação empresarial, líder, justo e correto. No comunicado aos funcionários por ocasião de seu desligamento do GSS, em 19 de novembro de 2010, o reconhecimento: "Há 40 anos no Grupo Silvio Santos, o Dr. Luiz Sebastião Sandoval teve um papel fundamental no crescimento dos negócios, tendo participado ativamente na construção de suas empresas. O Grupo Silvio Santos agradece todo o profissionalismo, dedicação e comprometimento com que exerceu sua função em todos esses anos".

Silvio Santos, após ler, *Aprendi fazendo*, o livro-depoimento de Sandoval, lançado em 2011, acrescentou: "Você foi competente e brilhante".

Aqueles que, como eu, conviveram com ele profissionalmente, são testemunhas.

Wadico Bucchi
professor-doutor da Faculdade de Economia, Administração e Contabilidade da Universidade de São Paulo e ex-presidente do Banco Central.

Luiz S. Sandoval

QUANTO VALE A EXPERIÊNCIA

Hoje, com 74 anos de idade, depois de uma vida de muito trabalho, em que comecei com atividades humildes para ao final chegar à presidência do Grupo Silvio Santos, empresa onde trabalhei durante 28 anos, eu me pergunto sobre qual seria a melhor herança para deixar não só para meus familiares como para os jovens, que têm sob sua responsabilidade o desafio de vencer na vida, mas também a tarefa de construir um mundo melhor, onde as pessoas possam ter condições de existência mais adequadas, proporcionadas, entre outros fatores, por uma administração inteligente das empresas, capaz de gerar trabalho e riqueza para o maior número de pessoas possível.

Ao refletirmos sobre isso, uma das conclusões a que chego é que o legado que podemos oferecer às novas gerações consiste em algo que só nós temos e que vai morrer conosco se não o compartilharmos. Refiro-me, no meu caso, ao conhecimento acumulado, ao saber consolidado ao longo do tempo, cultivado diante dos desafios do dia, em meio ao trabalho, ou aprimorado e sedimentado nos cursos que acompanhei ou nas palestras que proferi. Sim, pois também aprendemos cada vez que transmitimos aos outros nossa experiência. E foi assim comigo nas conferências que ministrei sobre temas diversos da administração empresarial. Ao lado de minha formação em direito, também aprendi muito no curso de especialização da Fundação Getulio Vargas (FGV). Graças a essa mistura de influências e vivências, pude desenvolver conceitos didáticos referentes ao assunto administração, que, mais do que normas extraídas de livros, são o fruto de um longo tempo de trabalho e observação.

E são esses conceitos que compõem a base deste livro. A eles se juntam narrativas de experiências vividas na prática do dia a dia, sem dúvida um bom caminho para se aprender, firmar o conhecimento e desenvolver estratégias inéditas diante de problemas igualmente inéditos. Tudo isso resultou nessas "regras de ouro", consolidadas na faina diária e que, espero, possam, mais que servir de guia para o leitor comum e para os alunos de administração, despertar neles o desejo de refletir sobre elas, para que, com base nisso, criem suas próprias regras e construam seu tesouro particular de conhecimento. Um tesouro que um dia será também partilhado com outros, compondo o círculo virtuoso e infinito da criação e da difusão de ideias.

Que esta singela contribuição possa dar frutos e que estes possam se multiplicar.

PRIMEIRA REGRA DE OURO
Invista na liderança e na ética

Ao contrário do que muitos pensam, o líder é aquele capaz de se integrar à equipe de comandados e assumir a culpa do que não deu certo.

Luiz S. Sandoval

Na tarefa de recolher e organizar os conhecimentos que compõem este livro, a lembrança mais remota – e ainda assim muito significativa para mim – é uma passagem da minha adolescência, uma fase que, de certa forma, não deixa de ser minha primeira experiência como administrador. E foram acontecimentos ocorridos nesse período da minha vida que me inspiraram esta primeira regra de ouro.

Coisa de moleque... responsável
A época eram os anos 60, com toda a

ebulição que trariam em termos de mudança de mentalidade e de costumes. No Brasil, os acordes barulhentos do *rock and roll* competiam com a delicadeza da bossa nova. Brasília surgia no meio do Planalto Central, como a concretização de um sonho que até então parecia impossível. As pessoas se deslumbravam com o novo, o Brasil respirava ares de liberdade e criatividade. Os cinquenta anos em cinco do presidente Juscelino Kubitschek eram um desafio a ser cumprido e o país vivia um tempo de otimismo.

E ali estava eu nesse contexto, junto com meus pais e meus três irmãos. Deles, o caçula era deficiente mental e os outros nunca quiseram estudar. O que não tornava as coisas fáceis para mim. Meu pai se parecia com um personagem de Gabriel García Márquez: analfabeto, autodidata, não se preocupava com nada. Nunca teve um emprego e fazia alguma coisa só quando queria. Era feliz assim. Morreu jovem, aos 59 anos. Minha mãe, ao contrário, era batalhadora:

lavava e passava roupa para fora. Cuidava dos filhos e dava-lhes amor.

E eu, com meus 12 anos de idade, morando no interior, na pequena cidade de Leme, a 190 quilômetros da capital paulista, enfrentava uma realidade um pouco menos fantasiosa do que a prosperidade que o país experimentava e estava muito mais preocupado com a luta pela sobrevivência que com os movimentos de contestação na arte e na cultura. Premido pela necessidade, eu me vi na condição de ter de ajudar no sustento da família. Não havia muito o que discutir, a realidade batia à nossa porta e exigia de nós uma atitude. Eu tinha noção das despesas mensais com que devíamos arcar e ficava calculando quanto dinheiro seria necessário para fazer frente a elas. Sem contar o aluguel, uma ameaça constante à nossa tranquilidade. Na época, eu havia alugado uma casa e prometera a minha mãe que nunca mais seríamos despejados.

Para lidar com isso, um emprego só não

era suficiente. Eu trabalhava em dois lugares: numa fábrica de cerâmica, chamada Cerâmica Santa Rita, como auxiliar de escritório, e no jornal da cidade, a *Folha de Leme*, como vendedor de anúncios. Mesmo com esses dois trabalhos, o dinheiro não era suficiente para arcar com todas as despesas.

Foi então que me deparei com uma das questões mais usuais com as quais um gerente tem de lidar: o chamado equilíbrio entre receita e despesa, palavras que depois se tornariam parte da minha vida profissional, mas que ali se traduziam no que deveria ser uma equação simples. Só que não era assim tão simples, já que o lado da receita nunca se mostrava igual ao das despesas.

Eu precisava encontrar uma solução. E, como não era possível diminuir as despesas, a saída, como se pode ler em qualquer livro de economia ou de administração, era aumentar a receita – ou, trocando em miúdos, correr atrás de mais dinheiro.

Na época, era muito popular o sistema de

"clube do livro", pelo qual, por meio de um pagamento mensal, se recebia um livro por mês. Então, consegui uma autorização da empresa que fornecia esses livros para vender os exemplares, os quais eu oferecia de porta em porta. Recebia um lote de livros e tinha um prazo para pagá-los.

Obtive também autorização para vender títulos de capitalização do Grupo SulAmérica, que, como hoje, distribuía prêmios mediante sorteio. Conheci o produto lendo uma matéria no *Estadão*, que também continha um chamado para novos vendedores.

Paralelamente, no escritório da indústria de cerâmica em que trabalhava, aprendi noções de contabilidade. Partiu de mim o interesse nisso e fui incentivado pelo meu patrão, chamado Nagib, e pelo contador, seu Zinho, que me passou esse aprendizado.

Eu conhecia alguns fazendeiros da cidade, que compravam produtos da cerâmica. A eles, ofereci meu serviço de escrituração básica para seu negócio. E, montado numa lambreta velha que consegui comprar, nos fins de semana passei a fazer esse novo trabalho e a ganhar mais. Mesmo assumindo novas responsabilidades, não deixava de lado as outras, tendo sempre me mantido no jornal.

Apesar de jovem e de ter escolhido esses trabalhos pressionado sobretudo pela necessidade de ganhar dinheiro para sustentar minha família, hoje vejo que estava ao mesmo tempo aprendendo sobre conceitos de administração, os quais punha em prática, num processo bastante dinâmico, cujo alcance só posso perceber com clareza agora, com o passar dos anos. No meu relacionamento com essas pessoas – clientes, patrões e colegas de trabalho –, vejo que já naquela época eu colocava em ação conceitos como liderança e ética, e ia desenvolvendo em mim essas noções, que aliás me nortearam por toda a vida.

Quando ainda morava em Leme, cresceu em mim o desejo de cursar uma faculdade de direito. Em Bauru, que ficava próximo à minha cidade, prestei vestibular na Instituição Toledo de Ensino, que tinha ótimos professores. Estava com 18 anos e concluí o primeiro ano frequentando as aulas três dias por semana, não deixando de cumprir minhas tarefas, especialmente no que se referia ao jornal.

Um convite que era um desafio

Foi nessa época que recebi um pedido de socorro do meu professor Waldemar Arruda, que, numa carta, pedia que eu fosse à Praia Grande, mais precisamente ao bairro Cidade Ocean, no litoral sul de São Paulo. Cheguei lá tarde da noite. Para isso, peguei um ônibus de Leme a São Paulo, outro até São Vicente e um terceiro até a Cidade Ocean.

O professor Arruda, com quem eu trabalhara na *Folha de Leme*, apresentou o desafio: ele se aventurara na construção de quinze casas de veraneio ali na Cidade Ocean, junto com seu genro, que era engenheiro. Por algum motivo, o genro abandonara a empreitada, deixando meu professor sozinho, ele que não tinha o menor conhecimento de construção, de comercialização ou da área financeira. Eu também nada sabia de construção, mas conhecia a parte de comercialização e de finanças.

À época, eu já estava casado e com uma filha. Seria uma grande mudança na minha vida, mas o desafio provocou meu instinto de guerreiro. As casas estavam inacabadas, algumas só no alicerce, o pessoal que trabalhava nas obras estava com os salários atrasados e o professor altamente endividado. Então, vendi o jornal (que eu havia adquirido aos 16 anos de idade), demiti-me do cargo de subcontador na Fermatex, onde já trabalhava havia um ano, acertei-me com minha mulher e mudei-me para a Cidade Ocean.

Comecei correndo atrás de dinheiro, negociando com os compradores a antecipação de parcelas e a correção monetária do valor de venda das casas. Obtive sucesso em 50% dos casos e com isso ganhei fôlego, o que me permitiu quitar dívidas mais antigas, incluindo os pagamentos dos operários. O segundo passo foi a contratação de pedreiros, eletricista e marceneiro em Leme para melhorar a qualidade da mão de obra.

Mas não era o bastante.

A tacada que resolveu a falta de dinheiro para a conclusão das obras foi o lançamento de outras quinze casas na área remanescente do terreno, que consegui vender a preços atualizados. Conclusão: em dezoito meses, entreguei as trinta casas e paguei todas as dívidas.

Baú da Felicidade, o começo de uma longa jornada

Com a missão cumprida, vim para São Paulo à procura de emprego. Primeiro, trabalhei como gerente de contas a receber e a pagar numa indústria de fabricação de limpadores de para-brisas e depois numa fábrica de móveis chamada Mobília Contemporânea, onde logo assumi o posto de assessor da presidência. De lá, fui para a

Johnson & Jonhson, para ocupar a função de chefe do Departamento Tributário.

Em 1970, deixei esse cargo e fui trabalhar no Baú da Felicidade, a convite de seu presidente, Mario Albino Vieira. Foi uma decisão difícil, mas acertada. No Baú, fiquei com a missão de dar corpo ao Departamento Jurídico, ao mesmo tempo que outras áreas da empresa eram reestruturadas por especialistas. Tudo sob o comando do presidente Mario Albino, um verdadeiro líder. Ao longo deste livro, relato algumas das experiências com esse mestre e em especial com o acionista majoritário, Silvio Santos.

No Baú, pude retomar os estudos, formando-me em direito em 1971, na Faculdade Braz Cubas – hoje chamada Brazcubas –, em Mogi das Cruzes.

Histórias de ousadia e sucesso
E uma entre as muitas histórias que marcaram minha passagem ali teve a ver, como se podia esperar, com os prêmios que eram

oferecidos no famoso Baú da Felicidade, até hoje provavelmente a mais bem-sucedida iniciativa de grande porte envolvendo compra de produtos, constituindo de certa forma uma experiência de poupança programada.

Estávamos em 1971 quando vislumbramos uma oportunidade de negócio. Já tínhamos o Baú da Felicidade, modalidade de venda de mercadorias com recebimento antecipado do preço e sorteios de bens durante os doze meses em que os clientes pagavam as mensalidades do carnê e que entregava mensalmente cerca de quarenta veículos, por sorteio.

Estudamos o negócio de concessionárias de veículos da marca Volkswagen e concluímos que o ponto de equilíbrio de uma concessionária era entre quarenta e cinquenta veículos. Saímos a campo para adquirir uma concessionária e acabamos comprando a Vimave Vila Maria, no bairro do mesmo nome, em São Paulo.

Daí, já tínhamos garantido na Vimave a compra dos veículos que até então eram adquiridos pelo Baú no mercado. Alguns anos depois, foi a vez da Vimave Pacaembu, também em São Paulo. Com as duas concessionárias, chegamos à marca de 308 veículos vendidos em um mês. O retorno do investimento se deu no prazo de três anos.

Um excelente e rentável negócio, que, realizado dentro das normas do mercado, permitiu obter a melhor preço os carros para entrega nos sorteios e trazer um novo tipo de negócio para a *holding*.

Em 1973, Mario Albino e eu concluímos que, usando a equipe do carnê do Baú, mais de três mil vendedores, poderíamos oferecer outro produto para os mesmos clientes-consumidores. Quando você conquista um cliente, sabe que ele pode adquirir outros que se encaixem no seu desejo de consumo. Você precisa descobrir o que ele pretende e, indo além, identificar o que ele gostaria de ter, mas ainda não sabe.

Aí, constatamos que esse público nunca tinha adquirido um seguro de vida. Seus integrantes eram das classes D e E, e ainda não estavam na mira das seguradoras, quase todas ligadas a bancos. Era uma massa de consumidores não bancarizada, e, como tal, constituía um excelente nicho de mercado.

Procuramos e encontramos uma carta patente que estava à venda, a São Cristóvão, uma seguradora desativada. E lá fui eu, por decisão do presidente, atrás do negócio. Em alguns poucos dias, a operação estava concluída. Agora, o trabalho era colocar o negócio em pé, e nossa estratégia consistiu em pôr à venda um seguro de vida acessível ao nosso cliente. Para tanto, tínhamos de cobrar um prêmio cujo valor coubesse no bolso desse cliente. Deu certo. Cobrando um prêmio da ordem de 10 reais para uma cobertura de um ano, chegamos a vender 300 mil seguros por mês numa apólice coletiva.

E não paramos por aí.

O sucesso da então Baú Seguradora inflamou a equipe de dirigentes, que pedia mais produtos. Precisávamos de outra novidade para esse mesmo cliente, porém que tivesse um componente a mais. Numa roda de troca de ideias, um *brainstorm*, surgiu a opção de termos um produto que permitisse a distribuição de prêmios em dinheiro. Esse produto era a capitalização, que os bancos já comercializavam, mas que, a exemplo do seguro, era dirigida para outro público. Aprovada a ideia, fomos a campo e adquirimos a Liderança Capitalização, que teve seu apogeu com a Tele Sena, em 1984, quando eu já estava na presidência do grupo.

Pessimismo nunca.
Pessimismo longe.
Esse relato inicial de minha vida profissional conduziu-me à primeira regra de administração, que envolve a liderança e a ética.

Liderar é muito mais que dirigir. O verdadeiro líder precisa crer no sucesso da empreitada e transmitir essa crença e esse sentimento a seu time. E um tipo de crença como esse não pode deixar lugar para o pessimismo. Pessimismo nunca. Pessimismo longe. Mais que acreditar numa ideia, é preciso ter obsessão por ela, buscar todas as maneiras de transformá-la em realidade, não importa que obstáculos se apresentem. E para conseguir isso é fundamental contar com uma equipe excelente, formada por colaboradores capacitados com os quais se possa ter um bom diálogo e nos quais seja possível confiar. Contratar os melhores é a única maneira de fazer bem feito. Também faz parte da liderança direcionar o negócio para um futuro sólido, sem um risco de comprometimento de imagem.

O que diferencia a figura de um dirigente do passado da de um líder da atualidade é sua capacidade não só de gerenciar uma equipe, mas de transmitir lhe entusiasmo e otimismo, de modo que todos os envolvidos enxerguem a empresa em que trabalham como se fosse sua. Estimular a participação de todos na tomada de decisões é fundamental numa boa liderança. O líder não faz.

Ele faz com que os outros façam, daí a importância de se manter um relacionamento adequado com a equipe. O bom líder elogia em público e critica em particular.

Hoje, uma companhia bem-sucedida é regida por um maestro que compreende que uma orquestra jamais funcionará se não houver colaboração de todos. Ao se estimular o potencial de cada indivíduo que vive os valores da empresa, o resultado tende a ser muito superior e o sucesso inevitável.

No que se refere à ética, podemos dizer que a ética da sociedade e a ética empresarial são inseparáveis. Nossas preocupações diárias com eficiência, competitividade e lucratividade não podem prescindir de um comportamento ético. A ética no trabalho orienta não apenas o teor das decisões (o que devo fazer) como também o processo para a tomada de decisão (como devo fazer).

Intimamente associada à ética está a política de sustentabilidade da empresa, meta que deve ser perseguida e que se mostra tão importante quanto o lucro. Negócios que buscam sustentabilidade são mais valorizados pelo mercado e pelos clientes, sendo esse ponto explorado em termos de marketing por muitas empresas, já que o público se sente mais receptivo a produtos feitos com base nessa postura. Um dos melhores exemplos disso é o da Natura, que se tornou conhecida por adotar uma atitude de respeito à natureza na fabricação de seus produtos.

E o que significa transformar um empreendimento num negócio sustentável? Um empreendimento sustentável deve manter a perspectiva de rentabilidade econômica a médio e longo prazo, operar sem passivos que gerem prejuízos inesperados, minimizar sua dependência de recursos esgotáveis, cultivar a eficiência, ter transparência na gestão, relacionar-se com demandas de ordem global e local. Não há, no mundo, empresa que seja um exemplo acabado de sustentabilidade. Mas um número cada vez maior delas – inclusive no Brasil – vem fazendo progressos na área.

10 regras de ouro que a experiência me ensinou

A sustentabilidade é um fator que facilita o acesso ao capital, permite reduzir custos e riscos, assim como maximizar retornos de longo prazo do investimento, além de estimular a atração e a permanência de uma força de trabalho motivada. Assim, ser sustentável é ver além. É vislumbrar o futuro com base no que se faz no presente. É garantir o hoje e também o amanhã, com ganhos para toda a sociedade.

Ao lado da sustentabilidade, e intimamente ligada a ela, temos a governança corporativa, que, segundo afirma em seu site o Instituto Brasileiro de Governança Corporativa IBCG), "é o sistema pelo qual as empresas e demais organizações são dirigidas, monitoradas e incentivadas, envolvendo os relacionamentos entre sócios, conselho de administração, diretoria, órgãos de fiscalização e controle e demais partes interessadas". As boas práticas de governança corporativa têm a finalidade de aumentar o valor da sociedade, facilitar seu acesso ao capital e contribuir para sua perenidade.

Os conceitos de ética, sustentabilidade e governança corporativa nos levam à ideia de missão de uma empresa. Olhando de forma direta o assunto, é forçoso admitir que a missão primordial de uma empresa é dar lucro. Sem o lucro, não é possível gerar emprego, renda ou desenvolvimento. Mas isso pode ser feito tendo em mente a sustentabilidade. E sem esquecer que é sempre possível ir além em termos de metas, ou seja, o bom empresário deve se conscientizar de que pode fazer muito mais do que pensa ser possível. E deve usar a criatividade e a determinação, sobretudo quando uma redução de despesas for necessária, mas não houver muitas condições para isso. É imperioso acreditar na própria capacidade de vencer, de construir o sucesso, de transformar a realidade, sempre deixando de lado o negativismo, o ceticismo, a descrença e a falta de entusiasmo com a vida.

10 regras de ouro que a experiência me ensinou

Três ingredientes essenciais a todos os profissionais de uma empresa, especialmente aos líderes, são os sentimentos, atitudes e relacionamentos. A verdadeira liderança se exerce com o coração e, por isso, em vez de só pensar em processar, é preciso pensar em paixões. Quem reconhecer a si mesmo como seu maior ativo ganhará mais dinheiro, conseguirá os melhores relacionamentos e obterá os bens materiais que deseja.

SEGUNDA REGRA DE OURO
Estimule a ousadia e a determinação

Ousar é correr riscos, sair da sua zona de conforto e enfrentar desafios.

Luiz S. Sandoval

Seguindo a minha história de vida, ainda adolescente, mas sempre com a cabeça no futuro, aos 16 anos cometi duas ousadias. A primeira delas foi adquirir a casa em que eu e minha família morávamos de aluguel; a segunda foi assumir a direção e toda a responsabilidade pela *Folha de Leme*, em que trabalhava desde os 11 anos de idade.

Na minha definição, ousadia é atrevimento com objetivo. Nos negócios, assim como em todas as etapas da vida, muitas vezes se é obrigado a decidir entre deixar como está – ou seja, permanecer na zona de conforto –

ou partir para algo maior. Esta última opção traz consigo riscos, pequenos ou grandes, e temos de dimensioná-los e planejar de que maneira vamos enfrentá-los. Nessas situações, é necessário e aconselhável sempre ter um plano B ou uma rota de fuga.

Nos casos que citei, para negociar o preço da compra da casa, mesmo possuindo o aval do meu professor, então dono da *Folha de Leme*, precisei de um empréstimo do antigo Bamerindus. Fiz a conta das futuras receitas e constatei que ela fechava. Para o jornal, projetei inovações, como o Caderno de Esportes, o que exigiria mais páginas (portanto, mais custos), porém geraria mais receita.

O dente quebrado de Clint Eastwood

Já a determinação é a capacidade de ir atrás dos objetivos sem desistir deles. Muitas histórias de sucesso na vida real mostram que grandes artistas, cientistas ou empresários não tiveram seu talento reconhecido no início e, em alguns casos, foram francamente convidados a desistir.

Os exemplos são inúmeros. O premiado diretor e ator Clint Eastwood, quando jovem, foi aconselhado a não ingressar na profissão com a seguinte afirmação: "Você tem uma fratura no dente e seu pomo-de-adão é proeminente. Além disso, você fala muito devagar". Os que conhecem o ator, hoje consagrado, sabem que foram justamente o seu jeito introspectivo e a fala compassada que caracterizaram grandes personagens interpretados por ele, como o "Homem sem Nome", do filme *Por um punhado de dólares* (1964), dirigido por Sergio Leoni. Também seu colega Burt Reynolds foi considerado como alguém que não tinha talento no início da carreira, algo largamente desmentido com o passar dos anos.

E esse tipo de desestímulo não foi exclusivo dos homens na indústria cinematográfica de Hollywood. Em 1964, o fotógrafo da agência de modelos Blue Book, dirigida por

Emmeline Snively, disse para a candidata a modelo Norma Jean Baker algo do tipo: "Desculpe, mas você é muito gorda". Hoje, sabemos que Norma Jean Baker se tornou um dos maiores mitos do cinema americano, com o nome artístico de Marylin Monroe. Também a atriz Liv Ullman, que fez muito sucesso na segunda metade do século 20 interpretando filmes do diretor Ingmar Bergman, como *Gritos e sussurros* (1972) e *Cenas de um casamento* (1973), foi reprovada em um teste na escola de teatro da Noruega, sob a alegação de que não possuía talento para a arte dramática.

Quando falamos em ousadia e determinação, falamos, é claro, em liderança. Para o médico e escritor Deepak Chopra, indiano radicado nos Estados Unidos e autor de muitos livros de sucesso na área de espiritualidade e autoajuda, como *A cura quântica* e *Você tem fome de quê?*, o sucesso depende de líderes com alma.

Mais que poder, inteligência e visão, o

líder necessita ter alma para triunfar no mundo dos negócios do século 21. Ele precisa incorporar ao dia a dia com seus liderados fortes sentimentos de motivação e deixar de lado ações egocêntricas e de ambição pessoal que, cedo ou tarde, levam ao fracasso. O verdadeiro líder é aquele que acredita ser possível alcançar o objetivo pretendido ou a meta preestabelecida. Em suma, ele precisa ter fé, que é a ausência absoluta de dúvida. Essa fé é fundamental para que ele não deixe que as coisas venham a se estagnar, para que acredite que é capaz de ir em frente não importa quais sejam os desafios. O bom líder não se esconde atrás das crises que o país possa enfrentar. Ao contrário, tira partido delas para propor soluções inovadoras e continuar lutando pelo sucesso.

A ousadia (bem-sucedida) de lançar a Jequiti

A coragem de entrar em novos negócios pode ser exemplificada por uma de minhas

10 regras de ouro que a experiência me ensinou

experiências no Grupo Silvio Santos, quando, na década de 90, vislumbramos uma oportunidade: a venda porta a porta de perfumes e cosméticos, tal qual sempre se fizera com o Carnê do Baú.

Estudei a fundo o negócio, com a vantagem de já conhecer a operação do carnê do Baú da Felicidade. No caso, havia mais de 3 mil vendedores nas ruas, divididos em equipes de dez profissionais, sob o comando de um chefe. Todos a bordo de uma Kombi, que percorria a região designada pela diretoria comercial.

Silvio Santos era o divulgador e vendedor pela TV, no Sistema Brasileiro de Televisão (SBT). E, graças a sua credibilidade, carisma e competência inigualável de comunicador, ele despertava o interesse dos telespectadores e, sobretudo, das telespectadoras.

Para o novo negócio, focamos na venda de perfumes e cosméticos. Nesse ramo, a Avon detinha liderança absoluta. Essa empresa marcava presença em quase todo o mundo – como ainda faz hoje –, tendo iniciado suas atividades há cerca de 170 anos. Sua história é um caso fantástico.

Um vendedor de livros de uma pequena cidade americana começou a comercializá-los no sistema porta a porta. Passado algum tempo, teve a ideia de entregar um frasco de perfume a quem comprasse um livro. Feito isso, após certo período, constatou um aumento na venda de livros na ordem de 30%. Ele concluiu então que os perfumes eram o negócio. Assim, passou a vender frascos de perfumes que comprava de fabricantes já estabelecidos, com a fragrância que escolhia, e depois estendeu a oferta para cosméticos. Em seguida, formou equipes de venda, recrutando preferencialmente mulheres. Estas compravam os produtos que já estavam encomendados pelas consumidoras e os revendiam com lucro de 30%, o que constituía um bom negócio também para elas. Esse sistema vai ao encontro da conhecida máxima de administração de que o bom negócio é aquele em que todos ganham. A Avon tem hoje um exército de revendedoras atuando em muitos países. No Brasil, ela conta com mais de 2 milhões de revendedoras.

Assim, quando colocamos em pé a empresa de cosméticos Jequiti, em 2006, a Avon ocupava seu aparentemente inabalável primeiro lugar, enquanto a Natura já se consolidava, buscando o segundo, usando um sistema de vendas semelhante ao da líder de mercado. Na mesma época, o Boticário já tinha presença marcante no setor, atuando porém com lojas próprias e franqueadas.

Em suma, o desafio de entrar numa concorrência tão bem estabelecida não era pequeno. Aliás, a esse respeito, vale lembrar o slogan da empresa – "Sonha que dá" –, uma sinalização de que é preciso acreditar numa ideia para que ela possa se realizar.

Retomando, tínhamos de procurar um diferencial. Foi então que vimos a oportunidade de, usando a experiência do Baú, fazer um sorteio que premiasse as revendedoras e consumidoras dos produtos da Jequiti. Convencemos o Silvio a realizar no SBT esse sorteio, que previa a entrega de um cupom para cada pedido. Aí entrou a genialidade dele, que disse: "Sandoval, entregue um cupom para a revendedora e outro para a consumidora, não para cada pedido, mas para cada item do pedido". Como resultado, nossas vendas cresceram exponencialmente.

A essa altura, eu já tinha substituído a superintendente da empresa, uma profissional com excelente currículo, porém de outra área, por um executivo da Natura. Esse profissional reformulou toda a equipe gerencial da empresa, colocando pessoas que já atuavam em venda direta.

Quando deixei a presidência do grupo, em novembro de 2010, a Jequiti havia cadastrado 146 mil revendedoras e tinha um faturamento mensal de 40 milhões de reais. Uma prova de que a ousadia e a determinação podem ser ferramentas bastante úteis quando se tem uma missão que, nesse caso, muitos poderiam considerar impossível, já que os concorrentes estavam solidamente estabelecidos e tinham um público quase cativo. Nesse ano, a Jequiti já ocupava o quarto lugar no segmento e a terceira posição na venda porta a porta. O Boticário não optava por esse modelo.

Para encerrar este capítulo, vale contar um episódio que ilustra essa necessidade de agirmos de forma ousada e determinada na atuação profissional. Em certo momento da vida, julguei-me um sujeito de sorte. Casualmente, conheci o economista Roberto Campos (1917-2001), que à época ocupava o cargo de ministro do Planejamento, do qual esteve à frente nos anos de 1964 a 1967, e que me disse: "Sandoval, sorte é o encontro do talento com a oportunidade". A que eu devo acrescentar: "A sorte costuma se apaixonar pelos ousados".

TERCEIRA REGRA DE OURO
Não tenha medo de fazer mudanças

O administrador, o dirigente e até mesmo o empreendedor resistem às mudanças. Preferem percorrer o terreno firme a trilhar um caminho incerto.

Luiz S. Sandoval

Sempre há um momento em que se é obrigado a tomar a decisão de mudar de rumo ou de adotar uma nova forma de fazer. Quando uma equipe que comandamos se acomoda, em razão, por exemplo, da rotina ou da falta de motivação, o único jeito é dar o que em geral se chama de choque de gestão.

Recentemente, lendo o livro *Sonho grande*[1], de Cristiane Correa, constatei que os três aplicavam essa regra nos negócios que

---

[1] Cristiane Correa. *Sonho grande: como Jorge Paulo Lemann, Marcel Teles e Beto Sicupira revolucionaram o capitalismo brasileiro e conquistaram o mundo. São Paulo: Primeira Pessoa, 2013.*

assumiam sempre com sucesso. Foi o que fizeram na Brahma e depois na Antarctica, cervejarias líderes do mercado nacional. Conquistado esse mercado no ramo de cervejaria, o trio de empresários passou a ter como objetivo a expansão para outros países. Associaram-se à holandesa Heineken, criando uma *joint venture*, a Ambev, por meio da qual adquiriram a Budweiser, a maior cervejaria americana, a Quilmes, argentina, e a Corona, mexicana. Com essas aquisições, tornaram-se o maior grupo cervejeiro mundial. Aqui no Brasil, adquiriram as Lojas Americanas e a rede de *fast food* Burger King.

Nesse processo, eles nunca hesitaram em substituir os dirigentes que estavam naquelas empresas por outros profissionais que chegavam com novas ideias e motivados para que os negócios fossem alavancados e passassem de uma fase de adormecimento para outra de crescimento. Essa história nos ensina que não devemos ter medo de mudar e precisamos acreditar que nosso concorrente tem os mesmos problemas e deve estar tão preocupado quanto estamos.

O case da Liderança Capitalização

No Grupo Sílvio Santos, que eu me lembre, o maior exemplo de mudança – e que se tornou um *case* clássico – foi o da Liderança Capitalização.

Quando assumi a presidência do grupo, em 1982, deparei-me, entre outros, com um grande problema: a Liderança Capitalização. O modelo adotado para comercialização dos títulos foi a venda porta a porta, a exemplo do Baú da Felicidade. Ele fracassou por vários motivos. O principal deles foi que os vendedores, mais de 3 mil, vendiam os títulos como caderneta de poupança, o que levava os compradores a procurar o resgate antes do prazo contratado. Outro sério problema foram as seguidas trocas de moeda, decorrentes dos planos de combate à inflação: cruzado, cruzado novo etc. Explicar para os compradores que 3 mil cruzeiros tinham passado a valer 3 cruzados não era muito fácil. A grande mudança aconteceu quando determinei a paralisação das vendas, com a demissão de toda a equipe do setor. Foi uma medida ousada, mas necessária.

Então, veio a Tele Sena. Após muitas simulações e discussões sobre o futuro da empresa, a equipe de marketing, comandada por João Pedro Fassina, encontrou a fórmula do sucesso. Mario Albino já tinha criado um título com pagamento único e prazo de resgate de um ano. Faltavam os canais de distribuição. Entrei em campo e negociei com os Correios a distribuição e o resgate dos títulos. Em seguida, negociamos com a Caixa Econômica Federal para que as casas lotéricas também fizessem o mesmo.

Com esses canais de distribuição, com o SBT e com Silvio Santos com um programa de sorteio da Tele Sena, o sucesso resultou num *case* inigualável. No auge das vendas, atingimos 44 milhões de títulos numa série – 45 dias. Não sei de nada parecido. Esse é um *case* de ousadia e mudança.

Depois de um ano na presidência, procurei aperfeiçoar-me para o exercício do novo cargo e frequentei o curso de especialização em administração na Fundação Getulio Vargas (FGV).

A reflexão sobre o tema nos leva à constatação de que existem três tipos de pessoa: as que esperam acontecer, as que perguntam o que aconteceu e as que fazem acontecer. A experiência ensina que estar no último desses grupos não é uma questão de acaso, mas de escolha consciente.

Crescendo com tubarões

Ainda a respeito desse tema, lembrei-me de uma história de pescadores japoneses, à qual também fiz referência em meu livro *Aprendi fazendo*[2]. No caso, uma história verdadeira e sem exageros.

---

2   Luiz Sebastião Sandoval. *Aprendi fazendo: minha história no Grupo Silvio Santos. Do Baú da Felicidade à crise no Banco PanAmericano.* São Paulo: Geração Editorial, 2011.

10 regras de ouro que a experiência me ensinou

Numa época recente, quando os cardumes já não mais podiam ser encontrados na costa japonesa, os pescadores tiveram de ir para o alto-mar, mas enfrentaram um problema inesperado: as distâncias da costa eram longas demais, os peixes chegavam aos portos sem vida.

Exigentes, os consumidores japoneses só aceitavam peixes frescos e, portanto, aqueles pescadores não tinham para quem vender o que conseguiam com seu trabalho. Diante disso, alguém teve a ideia de colocar tanques de água salgada nos barcos para manter os peixes vivos. De início, a proposta pareceu interessante, mas não funcionou, pois os peixes, jogados nos tanques a bordo dos navios não se movimentavam e chegavam aos portos quase sem vida.

A solução, bastante inusitada, consistiu em colocar um tubarão em cada um desses tanques. Com o perigo real e iminente, os peixes não paravam de se movimentar e conservavam-se tão vivos como se estivessem em seu habitat natural. E, consequentemente, chegavam à costa tão frescos como se tivessem sido pescados próximo à praia.

O aprendizado que se tira dessa história é que, se os membros da equipe que você comanda não se mexem, o jeito é colocar no meio deles um tubarão, alguém que faça com que se movimentem e fiquem vivos, o que, no caso dos funcionários, significa se conservarem eficazes e inovadores. Até porque, como dizia o físico Albert Einstein, "a maior loucura do homem é continuar fazendo as mesmas coisas esperando que o resultado seja diferente".

Superação e rebeldia

Falando ainda sobre o tema mudanças, vale ressaltar o papel que as crises têm de modificar o cenário do mercado e forçar as adaptações numa empresa.

O nome crise é em si sinônimo de dificuldades, mas, no ambiente corporativo, representa igualmente um momento único para "virar o jogo". Um estudo recente feito pela Bain & Company, prestigiada empresa de consultoria de gestão global com sede em Boston, Massachussetts, nos Estados Unidos, mostra que as crises dão origem a mais vítimas e a mais heróis do que os tempos de bonança. É como se nos períodos de economia em alta a correnteza estivesse a favor, ajudando a maioria das empresas a conseguir bons resultados e nivelando as conquistas por elas obtidas. Já nas crises, tendo de ir contra a correnteza, só as instituições mais preparadas conseguiriam fazer bons progressos, abrindo ainda mais vantagem sobre os competidores. E é nessas horas que a estratégia e a execução são primordiais para o sucesso.

No bem-sucedido livro *A grande virada*[3], José Luiz Tejon, considerado um dos maiores palestrantes nas áreas de gestão de vendas, marketing, agronegócio, liderança, motivação e superação, salienta a importância

---

3   José Luiz Tejon. *A grande virada: 50 regras de ouro para dar a volta por cima.* São Paulo, Gente, 2016.

de se conseguir mudar de papel, algo que segundo ele muita gente acaba não tendo condições de fazer. Para Tejon, a pessoa só atinge uma superação quando muda de papel na vida. Em suas palavras, "é impossível superar sendo o mesmo. Superação não é resignação. Superação é boa rebeldia. É transformação". A isso acrescento que nunca devemos manter negócios por motivos puramente sentimentais. Negócios são negócios. E os sentimentos são para aquelas pessoas que amamos. Ainda sobre transformação, Tejon afirma, também em *A grande virada*, que é necessário assumir o controle da situação. Segundo ele, "precisamos descobrir como está nossa vida e então organizar o pensamento para servir às viradas que temos de dar. Não é nadar contra a corrente. Não é desesperar quando você está sendo virado nas bolhas de ar de uma enorme onda".

Essas reflexões de Tejon são uma outra forma de dizer que toda mudança traz consigo o risco de errar. Mas devemos nos lembrar de que errar é humano. Porém, quando a borracha se gasta mais depressa que o lápis, com certeza estamos exagerando.

E a respeito do medo de fazer mudanças, vale lembrar o ensinamento de Dostoiévski (1821-1881), esse escritor russo conhecido por seus romances, que, além de ótimas histórias, nos oferecem muita sabedoria para lidar com os problemas do dia a dia. Ele afirma, no livro *Os irmãos Karamazov*[4]: "Somos assim: sonhamos o voo, mas tememos a altura. Para voar, é preciso ter a coragem de enfrentar o terror do vazio. Porque é só no vazio que o voo acontece. O vazio é o espaço da liberdade, a ausência de certezas. Mas é isso que tememos: o não ter certezas. Por isso trocamos o voo por gaiolas. As gaiolas são o lugar onde as certezas morrem".

A respeito disso, lembro o caso da Liderança Capitalização, que descrevi anteriormente.

---

4   Fiódor Dostoiévski. *Os irmãos Karamazov*. São Paulo: 34, 2008.

QUARTA REGRA DE OURO
Trabalhe com as pessoas certas no lugar certo

Junte-se aos otimistas. A probabilidade de sucesso será muito maior.

Luiz S. Sandoval

Na administração de um negócio é absolutamente necessário ter profissionais que já atuem no ramo. Não dá para inventar nem muito menos achar que profissionais, mesmo qualificados, sejam capazes de dar conta do recado se não tiverem experiência. Já pedindo desculpas por eventuais omissões, cito no Grupo Silvio Santos alguns profissionais cuja contribuição foi fundamental para o crescimento e consolidação do conglomerado: na presidência, Mario Albino; no Baú, João Pedro Fassina; no SBT, Guilherme Stoliar; na Jequiti, Lázaro do Carmo; no Baú e depois na Vimave, Ascensão Kouyomdjian. No SBT, foram essenciais para uma programação formulada por Silvio Santos, além dele próprio, os seguintes apresentadores (já me desculpando por eventuais omissões): Augusto Liberato (Gugu), Carlos Alberto de Nóbrega, Ratinho, Jô Soares, Celso Portiolli.

Neste mundo em que a agilidade é uma das colunas do sucesso, não há tempo a perder. A administração dos recursos humanos tem de ser feita de forma profissional, com método e regras preestabelecidas.

No livro *Manual de administração da produção*[5], escrito pelos professores da Eaesp Claude Machline, Ivan Sá Motta, Wolfgang Schoeps e Kurt E. Weil, esse tema é trabalhado de maneira organizada e didática. Na obra, que, desde sua primeira edição em 1979, tornou-se um manual de referência de administração de operações, oferecendo subsídios aos gestores industriais, os autores

---

5   Claude Machline et al. *Manual de administração da produção*. São Paulo: Fundação Getulio Vargas, 8 ed., 1994.

ensinam o que se deve estudar na administração das equipes de colaboradores. Segundo as dicas deles – com as quais concordo plenamente e que muitas vezes coloquei em prática –, essa administração deve se pautar pelos seguintes passos:

- ✓ Avaliação de cargos;
- ✓ Sistemas salariais;
- ✓ Comparações salariais com empresas do mesmo ramo;
- ✓ Sistemas de avaliação de méritos para promoções, treinamentos e dispensa;
- ✓ Administração de benefícios;
- ✓ Participação nos lucros da empresa;
- ✓ Sistemas de prêmios por produtividade.

Antes de tudo, a empresa precisa adotar um organograma que distinga objetivamente as áreas e departamentos, assim como suas atribuições e responsabilidades.

O ideal é que esse processo seja conduzido pela alta direção da companhia, sendo a tarefa entregue a uma diretoria de recursos humanos, pela sua importância e, principalmente, pelos resultados que daí podem advir. Além do mais, seus colaboradores se enxergarão como integrantes da empresa, peças fundamentais, em vez de meros executores de tarefas.

Muito se fala em vantagem competitiva. Uma equipe com suporte de administração de cargos, salários, benefícios etc. é uma vantagem competitiva relevante para inserir a empresa entre as melhores do mercado.

Depois da montagem da equipe, vem o trabalho de motivação. Em seguida, deve-se adotar um sistema de metas, que devem ser bem definidas e factíveis. Cada membro da equipe, como num time de futebol, precisa saber que lugar do campo deve ocupar.

Talentos, o grande investimento

Outro item muito importante são os talentos, já que eles constituem um patrimônio da empresa. Muitos deles acabam sendo formados por ela, o que representa um investimento. Manter um banco de talentos para a geração de ideias é fundamental (até porque, nesses tempos de mudanças rápidas, ficar parado em termos de inovação pode ser mortal para um negócio). Por isso mesmo, é preciso conservar esses talentos. A principal arma para isso continua sendo o sucesso, que se traduz por lucratividade, crescimento e oportunidade.

Com uma equipe competente, a ideia é promover o otimismo e a confiança, de forma que todos possam acreditar em seu potencial e no sucesso da empresa. É costume dizer que um pessimista é aquele que, podendo escolher entre dois males, prefere ambos. É algo semelhante ao que o ator britânico David Niven (1910-1983), intérprete de filmes inesquecíveis, como *A pantera cor-de-rosa* (1963), um dia quis dizer, quando afirmou que "para algumas pessoas não há vitórias, somente várias maneiras de perder". Em contrapartida, junto com o otimismo, é preciso desenvolver sempre uma atenção contínua, para impedir que uma visão muito positiva das coisas acabe por atrapalhar nossa análise das situações, nos induzindo a erros de avaliação.

Outras frases muito inspiradoras podem nos ajudar a entender o processo, como quando se diz que "ver bem não é ver tudo; é ver o que os outros não veem". Já com relação a talento e inteligência, pode-se afirmar, como fez o filósofo alemão Arthur Schopenhauer (1788-1860): "Talento é quando um atirador atinge o alvo que os outros não conseguem atingir. Genialidade é quando um atirador atinge um alvo que os outros não veem".

E se é para fazer uma lista dos predicados de um bom administrador, com certeza não é possível esquecer os termos a seguir:

- ✓ Otimismo
- ✓ Determinação;
- ✓ Ousadia;
- ✓ Espírito de equipe;
- ✓ Estratégia;

- ✓ Saber onde quer chegar (objetivos);
- ✓ Vocação para vencer;
- ✓ Relacionamento;
- ✓ Poder de comunicação;
- ✓ Liderança;
- ✓ Criatividade.

QUINTA REGRA DE OURO
Mantenha um relacionamento honesto e profundo com seu cliente

Boa parte dos executivos acredita que está no negócio de vender produtos ou de prestar serviços. Na verdade, seu negócio é conquistar pessoas e a fidelidade delas.

Luiz S. Sandoval

Qualquer que seja o negócio, é preciso sempre arrumar um jeito de manter um relacionamento duradouro com o cliente. Afinal, é ele quem paga o salário do executivo e gera o lucro que o acionista espera. O cliente tem o poder de demitir o presidente do grupo simplesmente indo para seu concorrente. Daí a importância de ouvi-lo.

Para ilustrar um pouco isso, podemos voltar à experiência do Baú da Felicidade, com a qual temos sempre muito a aprender. Como dito anteriormente, o Baú da Felicidade, o famoso carnê do Baú, consistia na venda de mercadorias com recebimento antecipado do valor e sorteio de prêmios.

Para a distribuição do carnê, contávamos com mais de 3 mil vendedores e cerca de 150 micros e médias empresas credenciadas, chamadas de distribuidoras. Para a entrega da mercadoria escolhida pelo cliente entre os produtos do nosso estoque, tínhamos uma rede de lojas próprias, sendo que os revendedores mantinham mercadorias de demonstração e catálogos de outros itens que não estivessem exibidos nas lojas.

O carnê continha doze boletos, cujo pagamento podia ser feito em bancos e nas agências dos correios. Após a quitação das doze prestações, ou a partir da quarta parcela, os clientes retiravam a mercadoria, nas lojas próprias ou por meio de um representante.

Os clientes, estando em dia com o pagamento das prestações concorriam a prêmios, como casas, automóveis etc., por meio de sorteios realizados pela televisão, com a supervisão da auditoria externa que o Baú contratava.

Credibilidade acima de tudo
O Baú construiu sua credibilidade entregando o que prometia e, com isso, fidelizou sua clientela. Cerca de 90% dos seus clientes voltavam a adquirir um carnê. E ele existiu por mais de sessenta anos graças à credibilidade que conquistou junto aos clientes, entregando o que prometia, fossem mercadorias ou prêmios.

O sucesso da operação foi tão grande que a empresa, em seu auge, atingiu mais de 600 mil vendas por mês em todo o país. Quando um cliente, por alguma razão, desistia da compra, a companhia restituía o valor por ele pago.

A conclusão é: quando se cumpre o compromisso, entregando o que se prometeu, isso fideliza o cliente. Daí a importância de jamais tentar enganar este último, pois sem ele nenhuma empresa sobrevive. Cito o caso do Baú, mas o exemplo é seguido por muitas instituições, como lojas de varejo, bancos e prestadoras de serviços.

10 regras de ouro que a experiência me ensinou

Nessa linha, na década de 90, lançamos a Tele Sena, título de capitalização com devolução em dinheiro de 50% do valor pago em parcela única, correspondente a dois dólares, com sorteios semanais de prêmios, também em dinheiro. A empresa, seguindo a mesma regra do Baú, sempre cumpriu o prometido, igualmente fidelizando o cliente.

Assim, ressalto a importância de ouvir sempre o cliente e acompanhar os movimentos dos concorrentes. E também de criar indicadores para medir a satisfação dos consumidores e realizar as mudanças necessárias, com rapidez e agilidade.

Para terminar, vale citar o exemplo do Itaú Unibanco, que, recentemente, por orientação de seu presidente, Candido Bracher, mudou a estratégia para formulação de seus produtos, preferindo construí-los por meio de consulta aos clientes, antes de lançá-los. E lembrar sempre as sábias palavras de Karl Albrecht (1920-2014), fundador, junto com o irmão Theo, da Aldi, uma das maiores redes de supermercados da Alemanha: "As empresas com excelência em serviços e com estratégias adequadas, voltadas ao cliente, geralmente possuem uma vantagem competitiva".

SEXTA REGRA DE OURO
Valorize o trabalho dos seus colaboradores

Todo trabalhador sempre tem algo a mais para que a empresa atinja seus objetivos. Descubra isso.

Luiz S. Sandoval

Não é missão fácil manter os colaboradores entusiasmados, trabalhando para agregar valor à empresa. Para tanto, a avaliação de desempenho servirá de base para a remuneração dos colaboradores. Uma remuneração correta, que leve em conta os parâmetros do mercado, fará com que eles se sintam valorizados, o que vai contribuir para um maior envolvimento com o trabalho.

Ao lado disso, benefícios como assistência médica, fundo de pensão para futura aposentadoria e participação nos lucros são itens que poderão ajudar na retenção de talentos.

10 regras de ouro que a experiência me ensinou

E está mais que comprovado que colaboradores valorizados pela empresa rendem mais.

Porém, a boa disposição dos funcionários não é em si suficiente para garantir o sucesso de uma empresa. Na condução dos negócios, os líderes são essenciais. Encontrá-los é tarefa que demanda tempo e conhecimento do comportamento humano. Pois liderar não é apenas ocupar um cargo de chefia. O bom líder é aquele capaz de fazer com que seus subordinados o sigam, e que consegue se mostrar aberto ao diálogo, ao debate de ideias, sempre disposto a ouvir e, quando convencido, a mudar de opinião.

Na hora de criticar ou advertir um subordinado cujo trabalho deixou a desejar, o mais adequado é conversar em particular com ele, perguntar se está com algum problema pessoal. Essa atitude, além de ajudar a resolver o problema e evitar a repetição do erro, demonstra uma real preocupação com o funcionário. E isso costuma gerar resultados positivos, pois todo ser humano tem necessidade de ser reconhecido.

Também é importante prestigiar a área de recursos humanos, para que ela possa oferecer o necessário apoio aos colaboradores. Com isso, pode-se ter um controle sobre o ânimo e o entusiasmo da equipe.

Perder também é ganhar
Como nem sempre é possível ganhar, é preciso entender que algumas derrotas podem ocorrer – como, por exemplo, não atingir uma meta. Mais que tudo, num momento como esse, faz-se necessário manter o entusiasmo, o que em si consiste numa vitória. Em casos de derrota, em vez de lamentar o acontecido, o melhor é buscar, junto com a equipe, as causas que estiveram por trás do problema. Essa atitude constitui um aprendizado que pode ser útil no futuro. Até mesmo estudar as causas do eventual insucesso dos concorrentes não deixa de ser uma forma de evitar a repetição de erro, e, o que é melhor, sem gastar nada com isso.

10 regras de ouro que a experiência me ensinou

O período que se segue a uma derrota é justamente o momento em que a equipe mais precisa do líder, em que ele deve atuar para que todos possam levantar a cabeça e se preparar para o novo desafio. Como uma roda em movimento, a empresa não para e a vida continua. O importante é o resultado final. E os acionistas esperam sempre que esse resultado seja positivo. Afinal, eles colocaram capital na empresa e sua expectativa é de que os rendimentos disso sejam melhores do que aqueles que teriam numa aplicação financeira. Até porque, se isso não ocorre, eles decidem mudar de ramo ou trocar os dirigentes da companhia, o que não é bom para ninguém. Como diz o escritor e palestrante Roberto Shinyashiki, em seu livro *Os donos do futuro*[6], "quando os resultados não são os esperados, chegou a hora de mudar. Muitas pessoas vivem iludidas pensando que os resultados mudarão sem que façam algo diferente".

---

[6] Roberto Shinyashiki. *Os donos do futuro*. São Paulo, Infinito: 2000.

Conclusão: se o capital humano, formado ao longo do tempo, deve ser mantido, o capital dos acionistas deve ser preservado.

SÉTIMA REGRA DE OURO
Mire no futuro

O futuro não é mera continuação do passado. Seguir fazendo o que sempre foi feito pode ser o fracasso de um negócio.

Luiz S. Sandoval

Saber distinguir o que está dando certo daquilo que já não mais produz resultado é fundamental para o futuro da empresa. Como diz a sabedoria popular, é preciso manter um olho no peixe e outro no gato. Isso parece simples, mas não é. Entender o presente esquecendo-se do passado é a melhor maneira de mirar no futuro.

Hoje em dia, é necessário considerar todas as variantes que podem jogar por terra as projeções sobre um negócio, como novas tecnologias, maior concorrência, consumidores mais exigentes etc. Essa é uma preocupação inevitável. O cliente ou consumidor de hoje quer receber mais pagando menos. Se o concorrente oferece uma proposta melhor, o consumidor não hesita em mudar, o que pode quebrar uma empresa.

Dessa forma, é indispensável conhecer o cliente, saber que produto ele quer e quanto aceita pagar por ele. Mais que isso, é preciso saber também o que o cliente quer, mas não sabe que quer. E apostar em novas ideias.

Mesmo diante de um produto já conhecido e negociado por outros que atuam no mesmo mercado, haverá sempre a oportunidade de criar um diferencial e superar os concorrentes. É importante acreditar no novo, pois, como diz Peter Drucker (1909-2005), consultor de negócios de origem austríaca considerado o pai da administração moderna e que em toda sua vida foi um ferrenho defensor da inovação nas empresas, "transformar ideias inovadoras em um projeto lucrativo é a essência do empreendedor". E dentro desse processo vale sempre lembrar de ouvir o que diz a equipe, pois, como afirma o escritor britânico de origem irlandesa Oscar Wilde (1854-1900), "nunca esqueça que suas melhores ideias podem vir de outros".

O achado da Tele Sena

Na presidência do Grupo Silvio Santos, criamos na década de 90 a Tele Sena. Na época, o mercado de títulos de capitalização era dominado pelos grandes bancos, que vendiam o produto juntamente com a concessão de um empréstimo, a chamada venda cruzada. Tratava-se de títulos com prazo de cinco, dez e quinze anos, com parcelas mensais, cuja divulgação raramente era feita nos meios de comunicação.

Já a Tele Sena era um título de pagamento único, com prazo de resgate de um ano, com sorteios semanais e fortes campanhas pelo Sistema Brasileiro de Televisão – SBT. Para divulgá-la, tínhamos Silvio Santos, o mestre dos apresentadores brasileiros, com sua enorme credibilidade junto aos telespectadores. Para a distribuição e o resgate da Tele Sena, montamos uma logística que tinha por base os Correios e as casas lotéricas.

Com seu sucesso espetacular, a Tele Sena passou a ser um *case* no mercado brasileiro. Nenhuma outra empresa de capitalização, mesmo as ligadas aos grandes bancos, teve tamanha aceitação em tão pouco tempo. Hoje, após quase trinta anos de existência, ela continua sendo um produto vitorioso e é um exemplo de que, quando se cria um diferencial, é possível conseguir sucesso num mercado que parece esgotado.

O futuro com sucesso não é patrimônio de alguns, mas de todos aqueles que sabem inovar e trabalhar ideias revolucionárias. Dessa forma, o futuro como uma nova vida e um terreno fértil é o segredo de bons negócios. Sempre levei em conta e adotei como regra que uma pequena ideia colocada em prática é mais importante que uma grande ideia arquivada. Nesse sentido, gosto de lembrar a máxima do escritor americano Mark Twain (1835-1910), que costumava dizer:

"Um homem com uma nova ideia é um excêntrico, até que essa ideia seja um sucesso".

Uma boa ideia à procura de um bom uso

Como ilustração para a importância de se buscar e valorizar novas ideias, vale a pena relembrar a história de Spencer Silver, o cientista que criou aqueles pequenos papéis amarelos (hoje também de outras cores) que nos ajudam enormemente a nos lembrar de compromissos importantes ou servem para marcar páginas de relevo num documento. Silver desenvolveu em 1968 um adesivo que se prendia com suavidade a superfícies lisas e podia ser facilmente removido e recolocado. Genial. Só que ele próprio passou noites em claro tentando, sem sucesso, encontrar uma única aplicação útil para sua criação. Dez anos mais tarde, um colega de Silver, o doutor Art Fry, descobriu como usar, na prática, o tal adesivo. Ele cantava no coral de sua igreja e toda vez que precisava mudar a página do livro de Salmos para entoar algum cântico era sempre a mesma história: um festival de marcadores de livros caindo no chão. Fry decidiu, então, aplicar o adesivo desenvolvido por Silver em tiras de papel para resolver o problema. Sem querer, ele havia acabado de criar uma nova forma de comunicação e organização de informações. Não demorou muito para que a invenção entrasse em escala de produção comercial, o que aconteceu em 1980. Um excelente exemplo de criatividade, que conduziu a um produto de sucesso.

Finalizo este capítulo com duas citações. Uma delas é a frase memorável de Eleanor Roosevelt (1884-1962), que foi esposa do presidente dos Estados Unidos Franklin Delano Roosevelt e tornou-se grande defensora dos direitos humanos: "O futuro pertence àqueles que acreditam na beleza dos seus sonhos". E a outra, uma afirmação de Roberto Shinyashiki[7], extraída de seu livro já mencionado e que diz:

---
7   Roberto Shinyashiki. Op. cit.

Luiz S. Sandoval

"Os donos do futuro são aqueles que conhecem o poder da cooperação: trabalham sempre em equipe, armam seus times antes de realizar um projeto e lutam até alcançar seus sonhos".

OITAVA REGRA DE OURO
Vibre com o sucesso

*Celebre cada meta cumprida com a equipe.
Uma equipe embalada é meia vitória.*

Luiz S. Sandoval

No mundo corporativo, é preciso considerar os fracassos como tentativas que não deram certo, mas serviram de aprendizado, e comemorar todas as vitórias com os colaboradores, tal como se ganha um campeonato. Essa prática dará a cada membro da equipe a sensação de que ele também ganhou e foi importante para o sucesso obtido. Isso fará com que toda a equipe fique motivada para o próximo desafio, entrando em campo com espírito e força de vencedor.

Agindo assim, o primeiro passo para o sucesso já terá sido dado. Devemos lembrar que, a par do trabalho, do planejamento e da entrega, o desejo de vencer a nova batalha é fundamental para alcançar um resultado positivo.

Por tudo isso, é muito importante recompensar os colaboradores. Uma forma de estreitar o contato com eles e de fazer com que se sintam valorizados é convidá-los para um café da manhã, quando poderão discutir as dificuldades encontradas e os obstáculos vencidos. Dessa maneira, o coordenador estará demonstrando que acompanhou todo o trabalho da equipe, e esta, por sua vez o reconhecerá como líder. E, como sabemos, todos precisam de um líder. Ele é a segurança de que a equipe necessita para afastar os temores que em toda batalha se apresentam.

Otimismo e confiança

Valorizar o sucesso dando importância ao desafio vencido e ao que a vitória representou para o futuro da empresa é muito importante para aumentar a coesão da equipe.

Luiz S. Sandoval

Não se deve esquecer que o sucesso da empresa traz com ele uma mensagem de segurança, também para o futuro dos colaboradores. O futuro é uma preocupação constante em todo ser humano e o líder deve contribuir para que seus subordinados possam manter o otimismo e a confiança. Até porque, como dizia o grande presidente Juscelino Kubitschek (1902-1976), que governou o Brasil de 1956 a 1961, "o otimista pode errar, mas o pessimista já começa errando".

NONA REGRA DE OURO
Desenvolva um planejamento e uma estratégia

A arte da estratégia consiste em pensar grande, começar pequeno e crescer rápido.

Luiz S. Sandoval

Planejar antes de iniciar um novo negócio ou de tomar medidas para a expansão dos já existentes é regra para o sucesso. E a melhor forma de se chegar a isso é realizar com a equipe um estudo de viabilidade realista, sem impor metas impossíveis de serem alcançadas. Até porque a frustração que uma meta não alcançada provoca é arrasadora. As pessoas vão se ver como incapazes e esse sentimento despertará nelas o medo de enfrentar novos desafios. E o medo também provoca a paralisia e muitas vezes a fuga, se as pessoas não encontrarem meios para reagir.

10 regras de ouro que a experiência me ensinou

Somado ao capital de giro que todo negócio exige, o capital humano é imprescindível em toda empreitada. As outras ferramentas que serão utilizadas no curso da tarefa são acessórias ao capital humano. Com isso, quero dizer que são as pessoas que fazem acontecer. Assim, selecionar colaboradores de forma a poder trabalhar com os melhores é algo que vai fazer total diferença. E, já que o capital humano é tão valioso, é sempre bom qualificar a equipe com treinamento, cursos e tudo que for necessário. Fazer coisas que possam aumentar o valor intrínseco de cada funcionário não constitui custo, mas investimento, e é preciso ter no orçamento uma verba reservada para isso.

Algumas economias aparentes acabam redundando em um prejuízo futuro, e não podemos nos iludir com isso. É fundamental separar o custo bom do ruim. Resultados se obtêm com receitas maiores, e aí mora o desafio. Economia saudável é aquela que se obtém cortando custos ruins.

Nas atividades do ambiente corporativo, raramente se pode ter certeza de que tudo vai funcionar de forma correta. Ao longo do trabalho, diversos fatores podem provocar desvios, tais como variações cambiais, elevação de juros, obtenção de recursos, inclusive empréstimos bancários, caso o plano exija. Assim, é importante não se afligir com esses desvios, nem ter medo de mudar de rota se o plano inicial não estiver dando certo.

E, nesse jogo de adaptações, vale lembrar, voltando ao tema dos recursos humanos, a ideia de que os colaboradores são um patrimônio sobre o qual devemos pensar bem antes de abrirmos mão dele.

A teoria na prática
Como ilustração ao que foi dito neste capítulo, gostaria de citar alguns *cases* relacionados ao Grupo Silvio Santos.

A formação do SBT. Em 1981, vencemos a licitação aberta pelo governo federal e ficamos com os canais de televisão da falida Tupi

10 regras de ouro que a experiência me ensinou

– São Paulo, Rio de Janeiro, Belém e Porto Alegre. O edital para licitação previa que o grupo vencedor assumisse uma dívida de cerca de 400 mil reais perante a Caixa Econômica Federal (CEF), decorrente de empréstimos que a referida instituição financeira fizera ao Sindicato dos Radialistas para quitação de salários dos empregados da TV. O edital privilegiava o concorrente que se dispusesse a contratar os funcionários, sendo que muitos deles já estavam empregados em outras emissoras.

Nossa proposta acatava essas condições e saímos vencedores. Negociei com a CEF o pagamento parcelado da dívida e contratamos os ex-empregados da Tupi.

Num esforço gigantesco, conseguimos colocar no ar as primeiras transmissões do SBT e assinamos o contrato de concessão. Não tenho notícia de algo semelhante no Brasil.

Em 1984, iniciamos a construção do complexo Anhanguera, no quilômetro 18 da rodovia do mesmo nome, numa área de cerca de 300 mil metros quadrados, com oito estúdios, marcenaria para a fabricação de cenários, contrarregra e tudo mais necessário para a produção de uma emissora de televisão. Concluímos o complexo em 1996. Montamos uma rede de afiliadas com 108 retransmissoras em todo o país.

Sisan Empreendimentos Imobiliários. Em 1990, iniciamos o negócio da Sisan com a ideia de agregar valor aos terrenos que o grupo possuía. De 1990 a 2010, construímos 400 mil metros quadrados, incluindo o Hotel Jequitimar, na Praia de Pernambuco, no Guarujá, em São Paulo, com 301 apartamentos num terreno de 230 mil metros quadrados com frente para o mar, e que se tornaria uma referência para a região.

O Banco PanAmericano. Em novembro de 1984, com a previsão legal contida na Resolução 1649 do Banco Central, transformamos a Baú Financeira em banco múltiplo. A estratégia para o novo banco consistia em financiar pouco para muitos. Iniciamos com 500 reais para cada financiado, com prazos de 24 a 36 meses.

10 regras de ouro que a experiência me ensinou

O modelo deu certo, com inadimplência baixa – de 4 a 5%. Nossa carteira superou 10 milhões de reais. O *funding* consistia na captação via CDB – Certificado de Depósito Bancário e, predominantemente, cessão de carteira para grandes bancos.

Em 2003, trabalhando com a mesma clientela do banco PanAmericano, criamos a administradora de cartões de crédito, com profissionais do setor, alcançando rapidamente a meta de 2 milhões de cartões ativos, com limite também de 500 reais.

Para fechar o ciclo, em 2008, adquirimos uma empresa de meios de pagamentos eletroeletrônicos de dois jovens, André Street e Eduardo Pontes, que continuaram administrando a companhia por dois anos, por contrato. Em 2009, transferimos nossa seguradora para a divisão financeira do grupo, para atuar com os mesmos clientes do PanAmericano. Sob o comando do competente executivo Maurício Bonafonte, o valor de prêmios da Panamérica de Seguros elevou-se em três vezes.

DÉCIMA REGRA DE OURO
Aprenda com os erros e fracassos

É melhor aprender com os erros dos outros do que com os seus.

Luiz S. Sandoval

Assim como, para chegar ao sucesso, é preciso ter determinação e a certeza de que o resultado virá, mesmo que demore, também numa condição de fracasso é preciso aceitar a situação e não insistir em algo que não deu certo. Tentar recuperar um prejuízo, além do desgaste que isso causa, é perda de tempo, é o caminho para o desastre decorrente de um negócio mal planejado.

No Grupo Silvio Santos, na década de 70, iniciamos o negócio de venda porta a porta de cosméticos. Por falha de planejamento e por má assessoria, acumulamos prejuízo por dois anos seguidos. Então, reavaliamos os negócios e chegamos à conclusão que teríamos de fazer tudo de novo, inclusive mudando os dirigentes que estavam no comando e injetando mais recursos para sanar os prejuízos e aumentar o capital de giro a fim de sustentar a empresa nos 24 meses seguintes.

A conclusão a que chegamos foi a de que era preciso encerrar as operações e aguardar um novo momento para a retomada do negócio, que era bom, mas estava sendo malconduzido. Dessa forma, admitimos os erros cometidos e aceitamos arcar com os prejuízos, sem nos arriscarmos a ter mais resultados negativos.

Foi uma atitude corajosa e correta.

E procuramos também administrar da melhor forma possível a saída do negócio. O ativo da empresa, que consistia em fórmulas e embalagens que desenvolvemos e criamos, foi negociado com o Boticário, que estava no ramo. Com isso, recuperamos parte do capital aportado na empresa.

Os acionistas compreenderam os motivos que nos levaram a tomar essa decisão e, mesmo tendo perdido dinheiro com nosso fracasso, aplaudiram a coragem que tivemos.

A importância de saber dar a volta por cima

Acumulamos, ao longo dos anos, dois grandes fracassos: a Baú Construtora e o Sol SBT On-line.

No caso da Baú Construtora, falhamos no desenho do negócio. Assumimos a missão de construir, sem ter expertise na área, quando nossa vocação sempre foi vender. Depois de alguns anos acumulando prejuízos, decidimos encerrar as operações.

Anos depois, sob a minha gestão, retomamos o negócio imobiliário, não mais como construtores e sim como incorporadores. Dessa vez, em lugar de inventar a roda, procuramos conhecer o modelo das empresas que já estavam no mercado.

10 regras de ouro que a experiência me ensinou

Tínhamos um estoque de terrenos bem localizados e isso era uma vantagem competitiva. Nossos desafios consistiam em adquirir áreas em lugares adequados para o tipo de imóvel que o potencial comprador procurava, arcar com o custo da obra de forma realista, projetar de maneira correta e determinar a origem dos recursos necessários. Nesse último quesito, levamos em conta o tempo previsto para a venda de todas as unidades.

Os recursos financeiros eram suficientes para não paralisar o empreendimento, tendo em mente que obra parada é igual a prejuízo e perda de tempo.

Diante desse quadro, a nova incorporadora, chamada de Sisan Empreendimentos Imobiliários, lançou-se ao mercado com projetos bem elaborados, áreas de boa localização, recursos financeiros próprios ou de terceiros e construtoras conhecidas e com ótima reputação no ramo. E realizou empreendimentos que somaram mais de 1 milhão de VGVs, sigla que significa valor geral de venda. Dentre tais empreendimentos, destaca-se o Hotel Jequitimar, no Guarujá, em São Paulo, com mais de 300 apartamentos, e edifícios de apartamentos em vários pontos da capital paulista. A Sisan Empreendimentos Imobiliários deixou de fazer negócios em 2010.

Já o caso do Sol SBT On-Line esteve ligado à euforia dos surgimentos dos negócios da internet. Na década de 90, tivemos um boom das empresas provedoras de internet. Calculo que mais de trinta delas surgiram da noite para o dia, e o Grupo Silvio Santos surfou nessa onda. Investimos alguns milhões de reais no negócio sem, entretanto, ter elaborado um planejamento adequado para isso.

Pela credibilidade do grupo e com o respaldo da rede de televisão, tivemos uma grande adesão de consumidores. Mas o desastre foi inevitável. Com um equipamento inadequado adquirido às pressas, não demos conta do recado. Nossos consumidores não tiveram suas pretensões atendidas e o fracasso do negócio ocorreu em pouco tempo.

10 regras de ouro que a experiência me ensinou

Tentamos consertar o avião em pleno voo, o que não deu certo. A solução foi encerrar as operações e assumir que tínhamos falhado. Por desconhecermos o negócio, pagamos o preço do deslumbramento diante de uma atividade em franca expansão.

MENSAGEM FINAL
A riqueza de uma nação

Um país só pode se considerar próspero quando há educação e igualdade social. E os administradores têm participação nisso.

Luiz S. Sandoval

Resumindo as premissas colocadas ao longo deste livro, ouso afirmar que toda organização, para ser bem-sucedida, deve enfatizar sempre a importância da liderança e da ética, dois pilares em que qualquer empresa precisa incondicionalmente se apoiar. E nenhum negócio pode resistir se não houver um estímulo à ousadia e à determinação, sobretudo nos tempos modernos, em que a velocidade das mudanças é um constante desafio para gestores e empresários. Justamente por isso é preciso se adaptar a cada instante, sem medo de alterar o curso de um projeto, sob pena de se ficar para trás da concorrência. Para ter essa agilidade, se faz necessário estar com as pessoas certas, profissionais competentes, capazes de fornecer suporte para as decisões de seus líderes, e que devem ser valorizados para que possam produzir melhor.

Acima de tudo, deve-se sempre levar em conta o cliente, suas preferências, agindo de forma transparente, posto que nos tempos de hoje é impossível se ocultar algo. E é preciso sempre conhecer esse cliente e saber quais são seus gostos e preferências, pois isso permitirá ter um olhar para o futuro e se anteceder lançando produtos que muitas vezes ainda não existem, mas que, pela pesquisa e acompanhamento das necessidades do público, é possível conceber. E para que esses produtos tenham sucesso é fundamental desenvolver um planejamento e uma estratégia adequados. Por último, é necessário ter a humildade de aprender com os erros e fracassos, como forma de se superar.

Luiz S. Sandoval

Em tudo isso, vale ter em mente o quanto é importante acreditar no sucesso, deixando de lado coisas como azar – palavra proibida – e pessimismo. Para obter o sucesso, torna-se imprescindível ter obsessão pela ideia, formar colaboradores competentes, buscar maneiras de mantê-los na empresa, sem perdê-los para o mercado. É também essencial não persistir no erro e deixar de lado negócios mal planejados.

Agora, pensando no futuro e nos jovens, devemos lembrar que a riqueza de uma nação depende, cada vez mais, da sua estrutura educacional e da supressão da desigualdade social. Precisamos trazer os jovens para o nosso convívio, rumo ao desenvolvimento, para sermos a nação da qual nos orgulharemos de fazer parte, como cidadãos. Espero que este livro possa contribuir para despertar mentes e impulsionar negócios, já que o progresso de cada um faz o progresso do país.

O autor

Formado em Direito, em 1971, pela Universidade Braz Cubas, Luiz S. Sandoval advogou na Jonhson & Jonhson e, depois, no Grupo Silvio Santos. Como advogado, fez vários cursos de especialização na área tributária, um deles ministrado pelo professor Geraldo Ataliba. Em 1982, assumiu a presidência do Grupo Silvio Santos, onde permaneceu até novembro de 2010.

Na década de 80, especializou-se em administração, frequentando a Fundação Getulio Vargas (FGV).

É palestrante e autor do livro *Aprendi fazendo – Minha história no Grupo Silvio Santos. Do Baú da Felicidade à crise no Banco PanAmericano*, publicado em 2011 pela Geração Editorial (São Paulo).